Charades

Illustrations :
Dominique Pelletier

Compilation :
Julie Lavoie

Éditions
SCHOLASTIC

100 blagues! Et plus...
N° 34
© Éditions Scholastic, 2014
Tous droits réservés
Dépôt légal : 3e trimestre 2014

ISBN 978-1-4431-3856-7
Imprimé au Canada   140

Éditions Scholastic
604, rue King Ouest
Toronto (Ontario)
M5V 1E1
www.scholastic.ca/editions

Les emballages des aliments que nous consommons produisent une quantité phénoménale de déchets. C'est pourquoi des scientifiques s'affairent à mettre au point des emballages comestibles à base de végétaux. Bientôt, on vous proposera de manger votre hamburger, l'emballage avec!

3

Mon premier projette de la lumière à l'avant d'un véhicule.

Mon second est un mot familier pour désigner la substance jaune qui s'écoule de tes oreilles.

Mon tout est un terme utilisé en cuisine.

QUEL ANIMAL S'ATTACHE LE PLUS À L'HOMME?

RÉPONSE : LA SANGSUE.

Votre odeur corporelle est unique!
En théorie, elle pourrait même servir
de code pour accéder à votre compte
bancaire. Des chercheurs espagnols
suivent cette piste...

5

Mon premier est au début
de l'alphabet.

Mon deuxième est la lettre B
prononcée en anglais.

On sert le repas sur
mon troisième.

On peut s'installer dans
mon tout.

Qu'ils portent des favoris en tous genres, des moustaches retroussées, des barbes longues ou des barbichettes bien sculptées, les poilus de la planète sont conviés tous les deux ans au championnat mondial de la barbe et de la moustache!

La grande aiguille de l'horloge fait 24 de mon premier pendant la journée.

Mon second est une partie de ce qui est coupé en trois.

Mon tout est un mets traditionnel.

Une grand-maman se promène à la campagne avec sa petite fille.

— Regarde ce bel oiseau! Tu vois comme la nature est bien faite!

Au même instant, l'oiseau prend son envol et se soulage... La fiente atterrit sur la tête de la vieille femme...

— Trouves-tu toujours que la nature est bien faite, grand-maman?

— Bien sûr que la nature est bien faite, ma petite. C'est pour cela que les vaches ne peuvent pas voler...

— Monsieur le président, voulez-vous dire bonjour au micro? dit le maître de cérémonie.

— Bien sûr... Bonjour micro!

COMMENT APPELLE-T-ON UN PROFESSEUR VAMPIRE?

RÉPONSE : UN *ENSAIGNANT* (ENSEIGNANT).

À sa naissance, le panda géant est plus petit qu'une souris.

— Il y a quelques jours, j'ai eu la peur de ma vie! J'étais en train de manger un sandwich quand j'ai vu un grizzli à quelques mètres de moi! explique Sophie à son ami Antoine.

— Qu'as-tu fait?

— J'ai reculé doucement, mais lui a continué d'avancer vers moi!

— Qu'as-tu fait?

— J'ai décidé d'aller manger mon sandwich devant une autre cage...

Dans une petite municipalité de Bretagne, en France, se tient chaque année le Championnat du monde du « cracher » de tomates cerises.

Dans une ville près de Tokyo, les propriétaires d'une résidence ont décidé de remplacer leurs tondeuses à gazon par quatre chèvres. Les chèvres gourmandes ont brouté sans relâche même dans les pentes raides. Une solution économique et écologique!

Si vous décidez d'acheter, de louer ou d'emprunter une chèvre pour tondre votre gazon, il faut bien délimiter la section à entretenir. Si vous ne faites pas attention, elle pourrait s'occuper des terrains de vos voisins…

Une jeune femme décide d'aller au cinéma. Elle se rend au guichet, achète un billet et se dirige vers l'entrée de la salle. Quelques secondes plus tard, elle retourne au guichet, achète un autre billet et se dirige une fois de plus vers l'entrée de la salle... puis revient encore au guichet...

— Madame, c'est le troisième billet que vous achetez! Avez-vous un problème?

— Oui... Il y a un impoli à l'entrée de la salle, qui déchire mon billet chaque fois que j'essaie d'entrer!

Mon premier est l'antonyme de sur.

Mon deuxième tient la balle de golf au départ du parcours.

Mon troisième est la deuxième note de musique dans la gamme de do.

Mon tout est l'action d'obtenir quelque chose par la ruse.

17

Lors d'une soirée de gala, une femme riche n'arrête pas de se vanter. Les gens autour d'elle n'en peuvent plus de l'écouter.

— Moi, je change de vêtements au moins trois fois par jour!

— Pauvre femme! s'exclame un invité. Moi, je devais me changer trois fois par jour jusqu'à l'âge de deux ans. Après, j'étais propre…

VRAI OU FOU?

1. Une cistude est une question à laquelle il y a plusieurs bonnes réponses possibles.

2. Une pimprenelle est le nom donné à une femme qui se maquille trop.

3. Manducation est le nom d'une école où les enfants décident eux-mêmes du programme.

Le guépard est un des seuls félins
à ne pas avoir de griffes rétractiles.

Un homme se regarde dans le miroir et constate :

— J'ai tellement vieilli ces derniers temps, dit-il à sa femme. Mes cheveux sont tout gris! As-tu remarqué ces nouvelles rides sur mes joues? Et regarde mon bedon! Ma chérie, je me sentirais tellement mieux si tu me faisais un petit compliment.

— Bien sûr mon chéri! Je trouve que tu as une très bonne vue!

L'enseignante demande à une élève turbulente :

— Mélanie, est-ce toi qui tapes du pied en travaillant?

— Non, madame! Moi, je ne fais que taper du pied. Je ne travaille pas...

Les crocodiles peuvent vivre de 70 à 100 ans et ils n'arrêtent jamais de grandir!

Mon premier est la lettre D prononcée en anglais.

Mon second sert d'appât.

Mon tout signifie « plusieurs différents ».

24

Chaque année à Santiago, la capitale du Chili, des milliers de personnes se déguisent en zombies pour participer à la marche des zombies... Affreux!

Lorsqu'ils se regardent dans un miroir,
la plupart des animaux ne comprennent
pas qu'ils voient leur réflexion.
Les orangs-outangs, eux, peuvent
se reconnaître.

Le professeur d'histoire explique :

— Les premières lettres ont été écrites dans la pierre.

— Il fallait être fort pour être facteur dans ce temps-là! lance Félix.

COMMENT S'APPELLE L'ÉTOILE LA PLUS
PROCHE DE LA TERRE?

RÉPONSE : L'ÉTOILE DE MER.

   — Il faut manger ton brocoli,
dit un papa à son petit garçon.
C'est bon pour toi! Ça te donnera
de belles couleurs!

   — Eh bien justement, voilà une
autre raison de ne pas en manger!
Je n'ai vraiment pas envie de
devenir vert!

Deux idiots élaborent un plan pour s'évader de prison. Le plus futé explique à l'autre :

— Toi, tu sortiras le premier. Si tout va bien, je te rejoindrai 10 minutes plus tard. Et n'oublie pas! Si la clôture est haute, il faut passer en dessous. Si elle est basse, il faut passer par-dessus. As-tu bien compris?

— Facile comme tout! répond l'autre prisonnier en s'éloignant.

Une fois dehors, il scrute la cour, puis fait demi-tour. Surpris de le voir revenir, son compagnon chuchote :

— Qu'est-ce qui se passe? As-tu vu des gardiens ou quoi?

— Non, il n'y a pas de gardiens. Le problème, c'est qu'il n'y a pas de clôture...

Au pôle Nord et au pôle Sud,
les boussoles ne fonctionnent pas.
Heureusement que les rennes du père
Noël connaissent bien leur chemin!

Chaque année, le père Noël reçoit
plus d'un million de lettres de jeunes
Canadiens. Neuf mille lutins l'aident
à répondre à son courrier et ils
peuvent le faire dans 30 langues
incluant le braille.

Deux élèves discutent après un test de français.

— Comment as-tu trouvé les questions?

— C'était la partie facile. Le problème c'était surtout de trouver les réponses...

· ·

— Regarde Vincent! As-tu vu la fille là-bas? Comme elle est laide!

— C'est de ma cousine que tu parles!

— Euh... Je voulais dire la fille qui est assise à côté d'elle. Elle n'est vraiment pas jolie!

— L'autre, c'est ma sœur!

— Comme je suis gaffeur! J'aurais dû m'en rendre contre. Vous vous ressemblez comme deux gouttes d'eau...

Mon premier est un grand
mammifère qui porte des bois.

Mon deuxième est la lettre V
prononcée en anglais.

Mon troisième se trouve au fond
du bateau.

Mon tout est une partie du
squelette.

33

QU'EST-CE QUI EST BLANC DANS TA MAIN ET JAUNE QUAND TU LE LAISSES TOMBER PAR TERRE?

RÉPONSE : UN ŒUF.

QU'EST-CE QUI RÉFLÉCHIT TOUTE LA JOURNÉE, MAIS NE TROUVE JAMAIS DE RÉPONSES?

RÉPONSE : UN MIROIR.

Pour ne pas être repéré par ses prédateurs, le lapin de Floride peut rester complètement immobile pendant 15 minutes. Peux-tu en faire autant?

Cendrillon a quitté mon premier
quand minuit a sonné.

Mon deuxième est la première
lettre de l'alphabet.

Mon troisième est la troisième
consonne de l'alphabet.

Mon tout se fait sans
se presser.

QUEL POISSON NE CÉLÈBRE PAS SON ANNIVERSAIRE?

RÉPONSE : LE POISSON PANÉ (PAS NÉ).

QUAND JE TOMBE, ON NE PEUT PAS ME RAMASSER. QUI SUIS-JE?

RÉPONSE : LA NUIT.

Au restaurant :

— Monsieur, il y a une mouche dans ma crème glacée!

— La pauvre, elle doit avoir froid...

Mon premier est la lettre D
prononcée en anglais.

Mon second est une boisson
fabriquée avec des raisins.

Mon tout n'est pas de ce
monde.

QU'EST-CE QUI FAIT 999 FOIS TIC ET UNE
SEULE FOIS TOC?

RÉPONSE : UN MILLE-PATTES QUI
A UNE JAMBE DE BOIS.

IL N'Y EN A QUE TROIS DANS LE
CANADA. J'OCCUPE LA PREMIÈRE
ET LA DERNIÈRE PLACE EN ALBERTA.
ON ME TROUVE AUSSI EN PLEIN
MILIEU DE L'ONTARIO. QUI SUIS-JE?

RÉPONSE : LA LETTRE A.

JE PORTE DES LUNETTES, MAIS JE NE
VOIS RIEN. QUI SUIS-JE?

RÉPONSE : UN NEZ.

Papa est au régime... Le manchot
empereur mâle passe plus de deux mois
d'hiver sans manger, car il doit s'occuper
de son œuf! Si celui-ci touche le sol, il
gèlera sur le coup. Alors pendant que
papa tient le coco au chaud en
maigrissant à vue d'œil, maman
se nourrit en mer à volonté!

En été, lorsque le petit du manchot empereur naît, la maman revient de son voyage en mer pour le nourrir et c'est au tour du papa de quitter son petit! Même s'il est affaibli par son long jeûne, il devra faire environ 100 km avant d'atteindre la mer. Il se déplace à une vitesse d'environ 1,5 km/h.

UNE VARIÉTÉ DE CLÉMENTINE VIENT DU MAROC. COMMENT L'APPELLE-T-ON?

RÉPONSE : ON LA PÈLE AVEC LES DOIGTS ÉVIDEMMENT!

QUEL EST LE SPORT PRÉFÉRÉ DES INSECTES?

RÉPONSE : LE CRIQUET (CRICKET).

COMMENT APPELLE-T-ON UN
RAT SANS QUEUE?

RÉPONSE : UN RACCOURCI.

QUEL EST LE COMBLE DE LA PATIENCE?

RÉPONSE : METTRE DES PATINS À UN
MILLE-PATTES.

Dans le nord de la Suède et au Québec, on reconstruit chaque hiver un magnifique hôtel de glace. Les touristes viennent de partout et payent cher pour y dormir. Pour assurer la sécurité des clients, les hôtels sont équipés d'alarmes d'incendie.

Une course de ski pour les animaux
domestiques accompagnés de leur
maître a eu lieu en Chine. Des chiens,
des chats, un canard jaune et même
un coq ont pris part à la course.
Évidemment, le lapin n'a pas écouté
son maître et la docile tortue
a dépassé son rival... sans même
s'en rendre compte!

46

QUELLE EST LA DIFFÉRENCE ENTRE UN ZOO ET TES SOULIERS?

RÉPONSE : DANS UN ZOO, IL Y A PLUSIEURS GORILLES. DANS TES SOULIERS, IL N'Y EN A QU'UN!

POURQUOI LES ANIMAUX DE LA FERME NE PARLENT-ILS PAS?

RÉPONSE : PARCE QUE C'EST ÉCRIT LA FERME.

MEGAN
ST-RAYMOND (QUÉBEC)

Des gaz explosifs! En Allemagne, quelque
90 vaches ont mis le feu à leur étable…
en pétant! Les ruminants produisent
beaucoup de méthane, un gaz inflammable.
Une décharge électrostatique aurait
vraisemblablement provoqué une explosion…
Heureusement, tous les animaux s'en
sont sortis indemnes.

— Ma fille est tellement bonne, explique Marielle à une vieille amie. Au collège, elle est première de sa classe. Elle fait du sport tous les jours. En plus, elle m'aide à faire les courses et le ménage. J'ai vraiment de la chance.

— Mon fils aussi est du genre parfait, renchérit son amie. Il fait lui aussi de l'exercice tous les jours. Il dévore tous les livres que je lui donne. Il s'alimente bien et ne mange plus aucune friandise. Bref, il a une vie bien rangée et fait preuve d'une maturité exemplaire.

— J'ai une idée… Peut-être que ton fils pourrait rencontrer ma fille…

— Certainement! Mais il faudra attendre qu'il sorte de prison…

Mon premier recouvre ton corps.

Mon deuxième est un oiseau
bavard.

Mon troisième est une lettre
qui se respire.

Mon tout ferme l'œil.

Les zèbres ne sont pas rayés pour rien!
Leurs poils étant courts, leurs rayures
seraient une protection naturelle contre
les piqûres de mouches tsé-tsé. Des
chercheurs soutiennent que ces insectes
n'auraient pas tendance à se poser sur
des surfaces rayées noir et blanc.

— Qu'est-ce qui ne va pas?
demande un père à son fils.
Tu sembles très nerveux.

— J'ai une présentation orale ce
matin. Je dois parler devant toute
la classe.

— Ah! Ce n'est rien du tout! Tu
vois, moi, la semaine dernière, j'ai
parlé à des milliers de personnes.

— Où ça?

— J'étais au stade olympique.

— Ah bon! Et qu'est-ce que tu
as dit?

— Croustilles! Hotdogs! Maïs
soufflé!

— Tu as un bas jaune et l'autre est rouge. C'est vraiment bizarre, dit Julie à son amie Annie.

— C'est vrai que mes bas sont bizarres... En plus, j'en ai une autre paire exactement pareille à la maison.

• •

L'enseignant demande :

— Marco, pourquoi les vaches beuglent-elles?

— Parce qu'elles ne savent pas parler.

Une maman vampire dit à son bébé :
— Ce n'est pas bien de sucer ton pouce! Tu pourrais te blesser.

POURQUOI MET-ON PARFOIS UNE BAIGNOIRE SUR LES CAMIONS DE POMPIERS?

RÉPONSE : POUR Y INSTALLER LA SIRÈNE

Mon premier est l'endroit où l'oiseau pond ses œufs.

Mon second est le petit de la vache.

Mon tout indique la hauteur.

. . . .

Mon premier fait avancer les voiliers.

Mon second est l'antonyme de tôt.

Mon tout aime parler de ses succès.

Selon des chercheurs, il y aurait deux fois plus de poulets que d'humains sur Terre.

La viande la plus consommée
sur Terre est... le poulet!

Mon premier est un membre
supérieur.

Mon second est la deuxième
consonne de l'alphabet.

Mon tout est un synonyme
de remuer.

• •

Mon premier désigne un mardi
où l'on se déguise.

Mon second est la cinquième
lettre de l'alphabet en
commençant par la fin.

Quand on fait mon tout, on
laisse des marques.

Les résultats d'une étude britannique
sont inquiétants. De nombreux pilotes
d'avion ont avoué s'être endormis en vol.
Heureusement qu'il y avait un copilote,
pourrait-on se dire! Voilà le problème!
Plusieurs pilotes ont constaté à leur
réveil que leur copilote dormait aussi!

Deux passants se croisent dans la rue.

— Bonjour Antoine! Ça va bien? Comme tu as changé depuis la dernière fois que je t'ai vu!

— Je ne m'appelle pas Antoine.

— Et ça alors! Tu as même changé de nom!

QUELLE EST LA DIFFÉRENCE ENTRE UNE RIVIÈRE ET MAGALIE?

RÉPONSE : LA RIVIÈRE SUIT SON COURS, PAS MAGALIE

Sophie s'apprête à plonger dans la piscine de ses voisins.

— Il ne faut pas plonger! Il n'y a pas d'eau dans la piscine! lui crie sa voisine au bord de la panique.

— Tant mieux! Je ne sais pas nager.

• •

Le juge demande à l'accusé :

— Pourquoi les policiers vous ont-ils arrêté?

— Parce que je ne courais pas assez vite! C'est évident, non?

De tous les mammifères, c'est la baleine grise qui parcourt la plus longue distance lors de sa migration. Elle fait un voyage d'environ 6 000 km en quelques mois seulement.

Mon premier est l'oiseau qui figure
sur le logo de l'équipe de baseball
de Toronto.

Mon second dure 12 mois.

Mon tout est immense.

• •

Mon premier protège les sabots
des chevaux.

Mon second est un mois
de printemps.

Mon tout est inaccessible.

— As-tu bien dormi? demande un papa à sa petite fille.

— Comment veux-tu que je le sache puisque je dormais?

QUEL EST LE COMBLE POUR UN ROI?

RÉPONSE : DE BRÛLER SON PALAIS EN MANGEANT SA SOUPE

Un client entre dans une galerie d'art pour acheter un tableau.

— Je vais prendre celui-ci, dit-il en montrant une toile du doigt.

— Bon choix! s'exclame le peintre. J'y ai consacré au moins 10 ans de ma vie!

— Dix ans! réplique le client, stupéfait.

— C'est bien ça. J'ai mis deux jours à la peindre et le reste du temps à essayer de la vendre...

En Bourgogne, une région de France,
se tient chaque année une course de
bateaux : Le XTREME Baignoires
Games. Pour participer,
rien de plus simple! Il suffit de se
fabriquer un engin flottant équipé d'une
baignoire, de toilettes, d'un lavabo
ou de tout autre appareil sanitaire...

À l'hôpital, un homme prend sa douche avec un parapluie.

— Que faites-vous dans la douche avec un parapluie? demande l'infirmière intriguée.

— C'est évident! répond l'homme. Je n'ai pas de serviette pour me sécher en sortant!

* *

Une petite fille revient à la maison après son premier jour d'école.

— As-tu appris beaucoup de choses à l'école aujourd'hui?

— Il faut croire que non... Je dois y retourner demain!

Une maman entre dans une boutique et s'adresse au vendeur.

— Monsieur, j'aimerais acheter des crayons et du beau papier à lettres. C'est un cadeau pour ma fille.

— Ce sera une belle surprise, commente le vendeur.

— Oui, ce sera tout une surprise! Elle s'attend à recevoir un ordinateur...

Le lendemain...

Aux États-Unis, le Super Bowl est
l'occasion de célébrer et de manger!
Chaque année, pendant l'événement,
les Américains dévorent plus d'un
milliard d'ailes de poulet et des
millions de kilos de croustilles
et de maïs soufflé...

VRAI OU FOU?

1. Un pedzouille est le nom d'un petit animal de la famille des primates qui fait des gaz bruyants.

2. Une pinçure est la sensation ressentie après avoir été pincé.

3. Une longotte est le nom donné à une fillette qui est très grande pour son âge.

Vers la fin de la trentaine,
les humains commencent à rapetisser.
Ils perdent plus ou moins un
centimètre tous les 10 ans.

Toc! Toc! Toc!

— Qui est là?

— Anna.

— Anna qui?

— Anna plein le dos!

....

Toc! Toc! Toc!

— Qui est là?

— Jean.

— Jean qui?

— Jean dit pas plus!

QUEL EST LE NOM DU PLUS VIEIL ITALIEN DU MONDE?

RÉPONSE : PÉPÉ RONI (PEPPERONI)

QUELLE CHARCUTERIE ITALIENNE A UNE MAUVAISE RÉPUTATION?

RÉPONSE : LE SALAMI (SALE AMI).

QUEL EST LE MEILLEUR SERVICE QUE TU PEUX RENDRE À TON VOISIN?

RÉPONSE : DÉMÉNAGER.

QU'EST-CE QUI A 24 DENTS ACÉRÉES ET QUI MESURE 20 CENTIMÈTRES DE LONG?

RÉPONSE : JE NE SAIS PAS, MAIS COURS!

Des croustilles pour tous les goûts! Les Russes en mangent au goût de crabe, les Thaïlandais au parfum de salade de thon, les Chinois au goût de bleuet et les Anglais au parfum de cocktail aux crevettes. Si vous croyez que tous ces amateurs de croustilles ont des goûts bizarres, dites-vous qu'ils pensent probablement la même chose de nous. Ici, pendant un certain temps, on trouvait sur le marché des croustilles au goût d'orignal à l'érable…

Mon premier est le résultat d'une addition.

Mon deuxième est l'endroit où l'oiseau pond ses œufs.

Mon troisième est cloué au sabot du cheval.

Mon tout endort.

— Lâchez-moi! Lâchez-moi! Je ne suis pas fou! Je vous l'assure! C'est Dieu qui m'envoie!

— Ce type est vraiment cinglé! Je n'ai envoyé personne! dit un autre fou.

TROIS SORCIÈRES FRAPPENT À TA PORTE ET TU N'AS PAS PEUR. POURQUOI?

RÉPONSE : C'EST L'HALLOWEEN!

Mon premier est l'antonyme de froid.

Mon second est un conifère de la famille des pinacées.

Mon tout est un grand compositeur.

• •

Mon premier est le contraire de plein.

Mon deuxième permet de mastiquer les aliments.

Mon troisième est un pronom personnel à la première personne du singulier.

Mon tout sent mauvais.

La tortue d'Hermann, qu'on appelle
aussi tortue des Maures, vit dans le
sud de l'Europe. Si les tortues sont
d'ordinaire très lentes, celle-ci se
déplace assez rapidement et avec
aisance. Il lui arrive même
d'escalader des obstacles!

Mon premier est le résultat de l'opération 93+21−14.

Mon deuxième tient la balle au départ du parcours de golf.

Mon troisième ne dit pas la vérité.

Mon tout est lié aux émotions.

● ●

Un homme entre dans un restaurant et voit une mouche écrasée sur un mur.

— Pauvre mouche! Elle n'a pas eu le temps de s'arrêter. Elle devait voler trop vite…

— Docteur, j'ai si peur! C'est la première fois que je me fais opérer. J'ai peur de ne jamais me réveiller…

— Croyez-moi, je ressens la même chose que vous. Moi, c'est la première fois que j'opère…

• •

— Docteur, quand j'appuie sur mon estomac, je ressens une douleur intense. Quand je touche à mon bras, c'est encore pire! Docteur, qu'est-ce que j'ai?

— Vous avez le doigt cassé, madame.

Les chiens ne perçoivent pas
la couleur rouge. Alors, ne demandez
pas l'impossible à votre toutou.

Les bienfaits du yoga sont nombreux.
Pourquoi ne pas en faire profiter votre
chien! Le toutou yoga ou doga est en
vogue. Chiens et maîtres font des
étirements ensemble. Les adeptes
avouent toutefois que les séances ne se
déroulent pas toujours comme prévu.

83

— Moi, je ne travaille pas de la journée! lance Rita à une vieille amie.

— Ah bon... Tu en as de la chance! Que fais-tu alors?

— Je suis infirmière, je travaille de nuit.

. . . .

Deux enfants discutent :

— Des scientifiques vont bientôt inventer une fusée pour se rendre jusqu'au soleil.

— Impossible! Il ferait trop chaud!

— Oui, c'est possible! Ils iront la nuit!

Un homme de la ville passe ses vacances à la campagne. Il s'arrête chez un fermier qui travaille dans son potager.

— Comment faites-vous pour faire pousser d'aussi gros radis?

— C'est très simple, monsieur. Je sème des betteraves...

Dans l'antiquité, la calvitie n'avait pas la cote. Ainsi, lorsque Jules César a commencé à perdre ses cheveux, il essayait de dissimuler son crâne en peignant ses rares cheveux vers l'avant. Et bientôt, sa célèbre couronne de laurier ne quitta plus sa tête. Symbole de sa puissance, elle permettait aussi de cacher sa calvitie.

De nos jours, pour limiter la chute des cheveux et pour favoriser leur croissance, le jus d'oignon ferait, semble-t-il, des miracles. Il suffirait de l'appliquer directement sur le cuir chevelu quelques fois par semaine. Avant de commencer le traitement, déterminez d'abord ce qui est le plus important pour vous : avoir des cheveux ou avoir des amis?

Mon premier est une note de musique.

Mon deuxième est la première lettre de l'alphabet.

Mon troisième est l'abri de certains animaux.

Mon quatrième est le cinquième mois de l'année.

Mon tout signifie redonner la vie.

Un homme du Missouri, aux
États-Unis, a couru un marathon en
tricotant! Il a mis un peu plus de
5 h 48 pour terminer le parcours.
Il a eu le temps de tricoter un foulard
de plus de trois mètres de long!

Un amateur d'art s'adresse à un
artiste peintre :

— Monsieur, pourquoi ne peignez-vous
pas de portraits?

— Je préfère peindre des arbres
parce qu'eux ne se plaignent jamais!

POURQUOI JEAN MET-IL DES BOUTEILLES
D'EAU VIDES DANS SON RÉFRIGÉRATEUR?

RÉPONSE : AU CAS OÙ SES INVITÉS
N'AURAIENT PAS SOIF.

Une nouvelle valise a été conçue pour faciliter la vie des voyageurs. Contrôlée à l'aide d'un téléphone intelligent, elle suit son propriétaire à la trace. Voilà une invention qui risque de faire du chemin!

Un Inuit initie un homme à la chasse sur la banquise. Tout à coup, un ours polaire apparaît devant eux. L'Inuit met ses skis et s'apprête à déguerpir.

— Ça ne nous sert à rien d'essayer de fuir! L'ours va bien plus vite que nous!

— L'important, c'est que j'aille plus vite que vous!

QUI AIME MIEUX DONNER QUE RECEVOIR?

RÉPONSE : UN BOXEUR.

MAXIME

GATINEAU (QUÉBEC)

Un fermier consulte le vétérinaire, car son cheval, Hercule, refuse de lui obéir.

— Il doit être sourd, dit-il au vétérinaire. Je ne vois pas d'autres explications. Pauvre Hercule…

— Montez-le et je vais l'examiner.

Sans plus tarder, l'homme monte sur son cheval et commande :

— Avance, Hercule! Avance, Hercule!

QUEL ARBRE TRAVAILLE LE PLUS?

RÉPONSE : LE BOULEAU (BOULOT).

BZZZZZZ

Parce qu'il transmet des maladies
en piquant ses victimes, le maringouin
est l'animal le plus « meurtrier »
de la planète.

Un maringouin peut parcourir
une distance de quatre kilomètres
en un jour!

Mon premier est généralement la carte la plus forte du jeu.

Mon deuxième est synonyme de certain.

Mon troisième est une syllabe du mot déblatérer qui est aussi dans chorégraphie.

Mon tout est protégé en cas de malchance.

QUELLES SONT LES SEULES LETTRES DIVINES?

RÉPONSES : DS (DÉESSE).

Du café à 50 dollars la tasse! Un Canadien établi en Thaïlande a créé un café au petit goût de je ne sais quoi que seuls les riches peuvent s'offrir. Les grains de café frais sont d'abord offerts en collation aux éléphants, qui en raffolent. Une fois digérés, les grains intacts sont récupérés à même les bouses. Ils sont ensuite lavés, séchés, torréfiés... Et voilà!

Les éléphants travaillant à la production
de ce café spécial sont bien
récompensés puisqu'un pourcentage
de la vente sert à leur protection.

Mon premier est le contraire
de mou.

Mon deuxième vit dans les égouts.

Mon troisième est un préfixe qui
signifie deux.

Tu dors dans mon quatrième.

Mon cinquième est une consonne qui
s'écrit en traçant deux lignes
droites perpendiculaires. Elle se
trouve entre les lettres M et U.

Mon tout est synonyme de
longévité.

— Connaissez-vous l'histoire de la chaise?

— Elle est pliante!

••••••••••••••••••••••••••••••••••••••

— Connaissez-vous l'histoire du lit vertical?

— Elle est à dormir debout!

Si vous avez un oiseau à la maison, sachez qu'il existe maintenant des couches lavables pour les oiseaux. Avec sa couche bien fixée à l'aide d'un velcro, votre oiseau pourra voler et se balader librement dans la maison sans laisser de traces.

Un homme entre dans un café en maillot de bain.

— Vous ne pouvez pas entrer ici en maillot de bain! lui dit la serveuse.

— Alors pourquoi avez-vous écrit sur votre vitrine « Onze beignes pour trois dollars! »?

J'AURAIS DÛ COMMANDER UNE PIZZA AUX CHAMPIGNONS...

Un restaurateur a peut-être trouvé une façon originale de se débarrasser des pythons birmans, qui ont envahi le parc des Everglades en Floride. Dans son restaurant, il sert de la pizza au serpent. La viande est d'abord marinée et cuite avant d'être déposée en fines tranches sur les pizzas.

Une maman essaie de deviner ce que sa petite fille a demandé au père Noël.

— Dis-moi Julie, as-tu écrit au père Noël cette année?

— Bien sûr que je lui ai écrit! répond la fillette.

— Et que lui as-tu demandé?

— De venir plus souvent!

Au printemps 2014, lors des séries éliminatoires de la LNH, une entreprise montréalaise a créé un porte-bonheur à l'effigie du Canadien de Montréal, une chaîne de style chapelet que portaient fièrement les partisans.

Au cinéma, un homme dit à son voisin :

— Pouvez-vous arrêter de ronfler? Vous faites un bruit épouvantable!

— Je suis désolé, monsieur, mais je trouve ce film tellement endormant. Je suppose que vous l'aimez.

— Pas du tout! Mais vous ronflez si fort que vous m'empêchez de dormir!

QU'EST-CE QUE LA GIRAFE PEUT SENTIR AVANT TOUS LES AUTRES ANIMAUX?

RÉPONSE : LA PLUIE.

Fais-nous rire!

Envoie-nous ta meilleure blague.
Qui sait? Elle pourrait être publiée dans
un prochain numéro des
100 BLAGUES! ET PLUS...

100 Blagues! et plus...
Éditions Scholastic
604, rue King Ouest
Toronto (Ontario)
M5V 1E1

Au plaisir de te lire!

Nous nous réservons le droit de réviser,
de modifier, de publier ou d'utiliser
les blagues à d'autres fins, dont la promotion,
sans autre avis ou compensation.

Solutions

CHARADES

VRAI OU FOU?

Page 19

1. Fou. C'est le nom d'une tortue.

2. Fou. C'est le nom d'une plante.

3. Fou. La manducation est l'ensemble des actions mécaniques que l'on fait en mangeant, comme mastiquer, et qui précèdent la digestion des aliments.

VRAI OU FOU?

Page 70

1. Fou. C'est un nom populaire pour désigner un homme grossier, qui n'a pas de bonnes manières.

2. Vrai.

3. Fou. C'est un tissu épais.